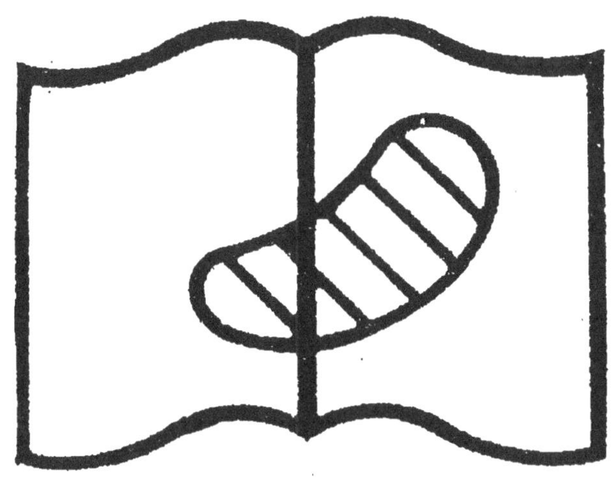

Illisibilité partielle

VALABLE POUR TOUT OU PARTIE DU
DOCUMENT REPRODUIT.

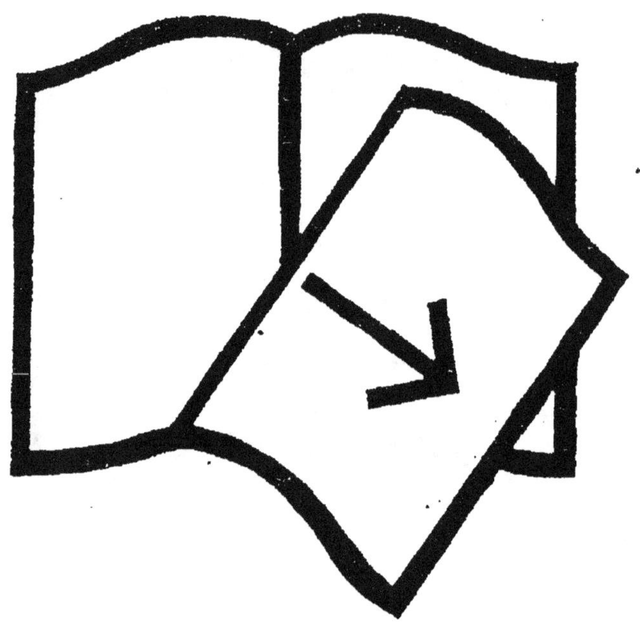

Couverture inférieure manquante

Original en couleur

NF Z 43-120-8

ARNAUD

ÉVÊQUE DU MANS

ET JOHEL

ABBÉ DE LA COUTURE, AU MANS

PAR

M. H. SAUVAGE

Membre correspondant de la Société d'Archéologie, de Littérature,
Sciences & Arts d'Avranches,
etc.

AVRANCHES

IMP. TYP. ET LITH. DE Mme H. TRIBOUILLARD, LIBRAIRE
RUE DES FOSSÉS, 4 ET 6

1869

ARNAUD

ÉVÊQUE DU MANS

ET JOHEL

ABBÉ DE LA COUTURE, AU MANS

Par M. H. SAUVAGE,

MEMBRE CORRESPONDANT DE LA SOCIÉTÉ D'ARCHÉOLOGIE,
DE LITTÉRATURE, SCIENCES ET ARTS D'AVRANCHES,
ETC.

AVRANCHES

IMP. TYP. ET LITH. DE Mme H. TRIBOUILLARD, LIBRAIRE

Rue des Fossés, 4 et 6

1869

ARNAUD

ÉVÊQUE DU MANS

ET JOHEL

ABBÉ DE LA COUTURE, AU MANS

Par M. H. SAUVAGE, Membre correspondant

de la Société d'Archéologie, etc., d'Avranches.

ARNAUD

Au XIe siècle, à l'époque où Lanfranc éleva l'École d'Avranches à un si haut degré dans la science, la ville du Mans se distingua également par un enseignement remarquable. Entre tous, Arnaud se signala par sa doctrine aussi bien que par son éloquence ; et ses qualités brillantes, après lui avoir conquis une autorité immense dans le diocèse, le désignèrent enfin aux peuples pour l'épiscopat. Remplie d'agitation, de déboires et de désillusions, son existence, qui s'est accomplie loin de la Normandie, loin de son berceau, l'y a fait oublier. Elle s'est d'ailleurs écoulée à une époque si éloignée de nous déjà que son nom ne figure sur aucune des listes de nos célébrités locales : nous pensons donc accomplir un devoir en reconstituant cette esquisse biographique. Pour cette étude, nous avons consulté les divers historiens des Évêques du Mans et spécialement l'histoire de cette Eglise par le R. P. Dom Paul Piolin, l'un des savants Bénédictins de l'illustre abbaye de Solesmes, qui, avec une grâce charmante et remplie de la plus extrême bienveillance, dont nous lui avons la plus vive gratitude, a bien voulu nous autoriser à lui faire de nombreux et amples emprunts. Nous avons mis aussi à contribution les histoires plus anciennes de D. Boudonnet, de Le Corvaisier et de Dom Colomb.

Arnaud (Arnaldus, Arnauldus, Harnaldus, Ernaldus), prit naissance au diocèse d'Avranches, et, d'après les probabilités, ce fut dans la paroisse de Saint-Maur-les-Bois. Tous les historiens du Maine s'accordent sur le premier point : quelques-uns seulement précisent davantage, en désignant la paroisse qui le vit naître, et parmi eux, M. Ch. Lebréton, dans sa brochure, toute récente, sur Robert de Tombelaine.

Son début dans la vie fut un malheur, car il eut un prêtre pour père. Ce siècle-là fournit beaucoup d'exemples semblables. Souvent ils vinrent de plus haut, de l'épiscopat lui-même, et l'histoire nous a conservé particulièrement le nom d'Odon, évêque de Bayeux, le frère de Guillaume-le-Conquérant. Cependant cette tache lui suscita plus tard quelques causes de répulsion ; il faillit payer cette faiblesse de son auteur ou ce manquement à la discipline par la perte de son avenir et d'une position éminente. A part cela, Arnaud, dès son jeune âge, paraît avoir été entouré d'honneurs, de fortune et surtout d'une éducation fort soignée.

Il semble qu'il ait d'abord suivi les cours de l'Ecole d'Avranches. Cette ville était très-proche de Saint-Maur-les-Bois et il dut y faire quelques études préliminaires. L'*Histoire littéraire de la France* le cite parmi ses clercs qui donnèrent les plus belles espérances à ses maîtres. Bientôt cependant il leur fut enlevé par son

oncle Robert, surnommé le Grammairien (1), qui voulut
l'avoir auprès de sa personne, au Mans, et qui désira
faire de lui son fils d'adoption.

Le savoir était honoré dans cette ville ; la science y
ouvrait la voie aux premières dignités, et un grand
nombre de jeunes hommes suivaient les leçons de théo-
logie et de belles-lettres, que des chanoines leur don-
naient dans l'école de la cathédrale. Depuis l'an 1040,
Robert en était le modérateur, c'est-à-dire le chef, le
directeur. Né, d'après les apparences, comme son neveu,
dans le diocèse d'Avranches, et probablement issu du
même berceau, à Saint-Maur-les-Bois, il s'était rendu
recommandable par la gravité de ses mœurs, par sa
modestie, par ses vertus et par sa doctrine, qui le faisait
admirer de tout le monde. Ses vastes connaissances et
son application constante à instruire ses nombreux dis-
ciples renouvelèrent presque toute la face du diocèse,
et procurèrent au clergé de la cathédrale, en particulier,
un renom qui fit remarquer l'école du Mans pendant le
XIᵉ siècle. Ce docte personnage ne se contentait pas de
stimuler l'ardeur des clercs placés sous sa discipline, il
encourageait encore les moines à se livrer aux études
sacrées. Pour donner plus de poids à ses exhortations,
Robert augmentait généreusement les bibliothèques des
monastères par l'offrande de manuscrits précieux, de
même qu'il leur donnait, avec le même esprit de libéra-
lité, des terres et des vignes.

Ce grammairien enseignait déjà au Mans vers l'an
1010. Trente années plus tard, il devint modérateur de
l'Ecole; et sa mort doit être fixée un peu avant la trans-
lation de l'évêque Gervais sur le siége archiépiscopal de

---

(1) Grammairien signifie, dans le langage du temps, un homme
érudit et versé dans l'art de bien dire.

Reims (1055). Il avait donc enseigné pendant près d'un demi-siècle. A sa mort ses plus chères espérances furent réalisées : son neveu, Arnaud, lui succéda dans sa chaire professorale.

Né probablement vers 1010 ou 1011, et âgé d'environ vingt ans lorsqu'il était arrivé au Mans, ce nouveau scholastique était en tout digne de tenir la place de son oncle, qui l'avait formé avec amour, par ses exemples et par ses leçons, à la science et à la vertu. De taille petite, mais d'un grand entendement, au dire d'un auteur peu bienveillant, Le Corvaisier, il remplit avec éclat la tâche d'instruire le clergé du diocèse et de diriger l'école de la cathédrale, jusqu'en 1067, époque où il fut élu évêque du Mans, après la mort de Vulgrin.

Cette charge lui donnait par elle-même une grande autorité dans la ville et dans la province entière. On pouvait regarder le modérateur comme le second personnage de l'Eglise du Mans. Peut-être même ses talents hors ligne, son caractère hardi et entreprenant, ses richesses, qui étaient considérables, le don de la parole, qu'il possédait en un degré éminent, lui donnaient-ils plus d'autorité relative dans le pays qu'à l'évêque lui-même. C'est ce qui pourrait résulter d'un fait que nous allons rapporter et qui décida certainement et nécessairement de sa vie entière. D'ailleurs, les écoles des cathédrales réunissaient un grand nombre de jeunes hommes, surtout lorsqu'elles avaient l'avantage, comme celle du Mans, de voir une suite de maîtres d'un mérite hors ligne se succéder pendant longtemps à leur tête. L'enseignement qu'on y distribuait n'était pas celui des éléments des sciences, mais il embrassait, outre les belles-lettres, les études philosophiques et théologiques. Ces écoles réunissaient par là-même des clercs d'un âge avancé, et qui jouissaient dans la cité d'une influence réelle.

En mourant en 1064, Herbert II, comte du Maine, avait transmis sa province au duc Guillaume-le-Bâtard. Mais ses dispositions testamentaires, qui froissaient les ambitions de plusieurs compétiteurs, provoquèrent des guerres civiles et étrangères. Quatre concurrents étaient en présence : Le prince normand, Gauthier, comte du Vexin et de Meulan, soutenu par Geoffroy, comte d'Anjou, Azzon, marquis de Ligurie, et Jean de La Flèche.

Gauthier, à la nouvelle de cette mort, était accouru dans le Maine, où il avait été fort bien accueilli. Il y était déjà affectionné et il avait pu s'y ménager une formidable résistance, appuyé du concours des habitants, lorsque le duc de Normandie vint, à la tête d'une puissante armée, pour s'emparer du comté. Les futurs conquérants de l'Angleterre parcoururent la contrée, le fer et la flamme à la main : ils se rendirent les maîtres des principales places. Ils vinrent ensuite assiéger la ville du Mans, où ils trouvèrent les citoyens prêts à la défense. La colère du duc Guillaume en fut irritée ; elle se communiqua à tous ses soldats, qui se portèrent aux dernières violences. Ils ravagèrent les environs de la ville, et mirent plusieurs fois le feu aux faubourgs ; mais on parvint toujours à l'éteindre.

Cependant il se forma dans la ville plusieurs partis : les uns inclinaient à se rendre, les autres voulaient encore résister ; l'évêque restait hésitant.

Arnaud se met résolument à la tête du mouvement. Ses secrètes sympathies sont pour le Normand, dont il est né le féal sujet. Dans les rangs de la noblesse qui combat sous ses ordres sont d'ailleurs ses compatriotes du diocèse d'Avranches, ses plus proches parents peut-être, Herbert de Saint-Maur, son propre seigneur. Qui sait si ce n'est pas même son frère ou son cousin ! Car, bien qu'un auteur mal disposé ait dit qu'Arnaud était d'une basse extraction, cependant il était fort riche, bien apparenté, et dans ces temps la fortune était l'apanage de la seule noblesse. Nous le croyons donc de la famille des seigneurs de Saint-Maur, qui suivirent Guillaume en Angleterre et y perpétuèrent les Saint-Mor et les Seymour.

La patrie fait entendre sa voix puissante aux oreilles du modérateur. Puis, comme prêtre, il doit à tout prix éviter l'effusion du sang, et ses instincts lui disent que la résistance sera vaine et tout-à-fait inutile. Il prend alors une initiative hardie, celle de ménager au duc une entrée pacifique dans la ville.

Après avoir réuni tous les clercs et les religieux de la cité, revêtus de leurs ornements sacrés, il se rend solennellement au-devant du prince, et, sous l'égide de la croix et des bannières, il introduit ainsi celui-ci dans la place. Les habitants, sous le coup de la surprise et de l'autorité qu'exerçait, d'une manière absolue, le clergé, reçurent Guillaume-le-Bâtard et son fils, Robert, avec des démonstrations, peu sincères, il est vrai, de soumission et de respect. Mais Gauthier, son adversaire, était devenu son prisonnier et la province du Maine était conquise : c'était l'essentiel pour lui.

Le vainqueur put reprendre ensuite le chemin de la Normandie. Il en devait revenir bientôt, pour faire rentrer dans le devoir les peuples révoltés contre son autorité.

Il est facile de comprendre qu'au centre d'agitations de cette nature, sans cesse renaissantes, et qu'au milieu du bruit des armes le siége épiscopal du Mans soit resté vacant pendant près de deux ans et demi, après la mort de Vulgrin. Il est aisé de s'expliquer également que les influences normandes ou angevines aient retardé l'élection de son successeur. Enfin le duc de Normandie parvint à faire prévaloir son opinion et le modérateur Arnaud fut élevé au siége de saint Julien. Son choix avait porté sur un homme d'un génie étendu et souple : c'était le prélat qu'il lui fallait.

On le connaissait à l'avance. Fier et hautain avec ses égaux et ses inférieurs, il était soumis et adroit avec ses supérieurs. Déjà en possession d'une réputation bien assise, il avait brillé dans les conciles par sa doctrine et par son éloquence. Il était digne à beaucoup d'égards de l'honneur auquel les Manceaux venaient de l'appeler. Il ne laissa pas cependant de rencontrer des rivaux. N'ayant pas d'autres motifs canoniques à alléguer contre sa promotion, ils s'opposèrent à son élection, sous le prétexte qu'il était fils d'un père qui était prêtre et d'une vile extraction.

Les évêques de la province et Barthélemy, archevêque de Tours, furent arrêtés par cette opposition ; il fallut en référer au Saint-Siége. Il est certain que la naissance d'Arnaud le constituait dans l'irrégularité : il n'aurait pas dû, de plus, être élu avant qu'on eût obtenu du Siége apostolique la permission de l'élever à la dignité épiscopale. Il paraît que les habitants du Maine n'avaient pas suivi cette marche canonique ; mais le pape Alexandre II leva tous les empêchements par sa réponse adressée à Barthélemy de Tours. « Nous ne « rejetons pas, dit le pontife, le clerc qui a été élu pour « gouverner l'Eglise du Mans, quoiqu'il soit fils d'un « prêtre ; pourvu cependant que les vertus et les qua- « lités convenables à un évêque se trouvent en lui. Nous « n'entendons pas cependant que cette indulgence soit « regardée comme une règle ; mais, dans le cas présent, « nous avons égard aux périls que court l'Eglise du « Mans. » On voit par cette réponse, qui a pris place dans le *Corps du droit canonique*, que le Souverain-

Pontife, instruit des dangers auxquels l'Eglise était exposée dans cette province, relâche la rigueur d'un canon, dont le maintien était très-important, surtout à cette époque où la chasteté du prêtre, sauvegarde de la dignité et de la liberté de l'Eglise, était menacée de tant de côtés.

D'autre part, Alexandre II répondit au clergé du Mans en ratifiant son choix. Il disait, dans ses Lettres apostoliques, que le défaut de la naissance charnelle ne devait pas nuire irrémédiablement à celui qui était régénéré spirituellement dans le Christ, et que, si l'on ne trouvait pas un sujet plus convenable qu'Arnaud dans l'Eglise du Mans, il fallait l'élever à l'épiscopat. Cette décision ayant levé tous les obstacles, et Arnaud étant supérieur par ses mérites et ses vertus à tous les autres membres du clergé manceau, il fut sacré par l'archevêque de Tours.

A peine était-il assis sur la chaire de Saint-Julien, qu'il se vit obligé d'entreprendre de grands travaux pour son église cathédrale. Soit que son prédécesseur eût établi ses constructions sur des fondements peu solides, ou qu'il eût employé des matériaux dépourvus de consistance ; soit que le temps durant lequel les travaux avaient été suspendus eût compromis la maçonnerie, on ne tarda pas à s'apercevoir que la basilique menaçait d'une ruine prochaine. On entreprit alors de consolider l'œuvre commencée ; mais ces efforts furent inutiles. Au milieu d'une nuit, presque tout l'édifice s'écroula avec un fracas horrible. Arnaud fit détruire entièrement les parties de murailles qui restaient encore en quelques endroits, et fit jeter de nouveaux fondements, plus solides que ceux qui avaient précédé. A cette époque, où la foi dominait tous les événements de la vie, il suffisait de faire appel à ce sentiment pour voir une foule d'ouvriers bénévoles accourir, prêts à consacrer à Dieu et leurs biens et leurs bras. Grâce à cet élan général pour les œuvres de piété, Arnaud eut la consolation de voir entièrement achevé, avant sa mort, le chœur de sa cathédrale. Il avait même commencé à construire les tours et les bras de la croix.

Peut-être le prélat eût-il conduit jusqu'à la fin ces immenses travaux, si des troubles continuels n'eussent contrarié ses plus saintes entreprises. Les Manceaux n'avaient subi qu'avec peine le joug du duc de Normandie ; les violences qui accompagnaient l'occupation, et par lesquelles elle se maintenait, irritaient les esprits, qui n'attendaient qu'une occasion favorable pour leur faire pousser de nouveau le cri de guerre. Pour s'être fait attendre, la vengeance n'en fut que plus atroce.

Lorsque les Manceaux virent Guillaume engagé dans les soins et dans les embarras de la conquête de l'Angleterre, ils songèrent à s'affranchir du poids de sa domination. Nobles, gens de guerre, bourgeois, toutes les classes de la population concoururent à cette œuvre patriotique. Les châteaux gardés par des soldats normands furent attaqués et pris l'un après l'autre. De toutes parts les cris de la révolte se firent entendre et Geoffroy de Mayenne commanda l'insurrection. En même temps les rebelles appelèrent d'Italie Azzon, marquis de Ligurie, avec sa femme Hersende et Hugues, leur fils. Ils les reçurent comme leurs princes légitimes, auxquels ils rendirent leur hommage.

Témoin de cette révolution, à laquelle il sentit tout d'abord qu'il ne pouvait pas résister, l'évêque Arnaud craignit de paraître trahir les intérêts du prince normand, auquel il était resté dévoué. Il s'empressa de fuir hors de la ville du Mans. Il passa donc en Angleterre, où il reçut un accueil très-favorable de Guillaume, satisfait de cette preuve de sa fidélité.

Dès que la fuite du prélat fut connue du peuple, et qu'il sut qu'il s'était rendu à la cour du roi Guillaume, il se porta sur ses maisons et sur ses terres, et saccagea tout ce qui lui appartenait. Ses châteaux d'Yvré-l'Evêque, de Touvoye, de Ceaulcé et de Larchamp, ainsi que ses palais du Mans et de Coulaines, furent mis à sac. Mais ces pertes ne durent pas paraître trop dures à l'évêque Arnaud ; car le conquérant de l'Angleterre, qui distribuait à tous ses partisans les richesses du pays des Bretons, récompensa magnifiquement son dévoûment. Néanmoins le prélat, apprenant ce qui se passait dans son diocèse, ne resta pas longtemps à la cour de Guillaume, et, avec l'agrément de ce prince, il rentra au Mans.

Son attachement au parti normand avait excité contre lui les ressentiments de la province. Lorsqu'il se présenta aux portes de la ville, il les trouva fermées. Quelques instances qu'il pût faire, Azzon et ses conseillers refusèrent de l'écouter. Se voyant sans asile, puisque tous ses châteaux venaient d'être dévastés, repoussé par les chevaliers armés pour la cause du pays, l'évêque vint frapper aux portes de l'abbaye de Saint-Vincent, que plusieurs indices désignent comme étant demeurée attachée aux princes normands, dont elle reçut de nombreux bienfaits. Les religieux se montrèrent empressés d'accueillir Arnaud avec toutes les personnes attachées à son service. D'un autre côté, le clergé de la ville souffrait de l'absence de son évêque ; car, quoiqu'il fut à une bien faible distance, les rapports n'étaient pas libres. Alors les principaux ecclésiastiques entrèrent en négociation avec les chefs qui commandaient au Mans : on conclut un accommodement, à la suite duquel Arnaud fut rétabli dans son évêché.

Mais il devait jouir bien peu de temps d'une tranquillité parfaite. Il se vit bientôt entouré de nouvelles intrigues.

Azzon, persuadé qu'il ne pourrait soutenir une guerre imminente avec le roi d'Angleterre, s'en était retourné dans son marquisat de Ligurie. En partant, il avait laissé sa femme et son fils sous la tutelle de Geoffroy de Mayenne. Mais bientôt le peuple se révolte contre l'autorité de ce tyran, et il veut se faire justice de ses principaux soutiens, au nombre desquels est Hugues de Sillé-le-Guillaume.

Le peuple en masse se précipite sur le château de ce dernier, d'où il semblait braver les menaces des révoltés. A sa tête étaient l'évêque Arnaud et ses curés, faisant porter devant eux les croix et les bannières. Mais des traîtres étaient au milieu d'eux. Les paysans, surpris, jettent leurs armes à terre et s'enfuient en désordre. Beaucoup sont faits prisonniers; beaucoup sont blessés ou tués par leurs propres armes, en se précipitant dans les ruisseaux et dans les ravins. Des chevaliers et des nobles, et jusqu'à des femmes, qui avaient suivi le camp, entraînés par la multitude, furent exposés au même sort. L'évêque lui-même se trouva parmi les prisonniers. La captivité du prélat répandit un deuil général. Si ses liaisons avec les Normands avaient d'abord indisposé les Manceaux contre lui, le rôle qu'il venait de remplir dans la révolution populaire actuelle lui conciliait tous les cœurs. Hugues de Sillé ne voulut pas prolonger l'affliction de l'Eglise. Après avoir gardé Arnaud prisonnier aussi longtemps qu'il le crut nécessaire pour assurer sa victoire, il rompit ses fers sans rançon, sans condition aucune, et le fit reconduire avec honneur à sa cité épiscopale. Il est probable qu'Arnaud n'était entré aussi avant dans ce mouvement que dans l'espoir de délivrer l'Eglise du Mans et la population du diocèse de la tyrannie du prince italien et de celle de Geoffroy de Mayenne, dont il avait reçu individuellement de cruels traitements. Peut-être aussi conservait-il l'espoir de ménager une nouvelle entrée aux Normands. Quoiqu'il en soit de ses desseins, si tels ils étaient, l'événement les fit échouer.

Cependant ces révolutions et ces luttes incessantes avaient laissé une grande amertume au cœur de l'évêque. Fatigué des troubles continuels qui agitaient la province, Arnaud avait senti le besoin de faire le voyage de Rome. Il partit donc en l'année 1071, accompagné des clercs Gandelbert, Hugues Bricola, Odon, Guicher et Hoël, son parent, Breton d'origine, qui fut plus tard son successeur dans l'épiscopat. Ils se joignirent, à Tours, à l'archevêque Raoul, qui les accompagna dans la Ville sainte.

Leur voyage ne s'exécuta pas sans plusieurs rencontres fâcheuses. Un chevalier de Sens, nommé Richer, les arrêta, à leur départ, leur enleva une partie de leurs provisions de voyage, et les accabla des plus mauvais traitements. L'évêque du Mans quitta Rome avant son métropolitain. Il y avait été reçu par le pape Alexandre II ; mais, à son retour, il tomba entre les mains d'Azzon, marquis de Ligurie, dont il traversait les Etats, et il fut jeté en prison avec toute sa suite. Azzon, comme plusieurs des seigneurs de son temps, ne se faisait probablement aucun scrupule de rançonner les voyageurs qu'il pouvait arrêter sur les grands chemins. En capturant l'évêque du Mans, le marquis de Ligurie s'était vraisemblablement proposé d'ailleurs de tirer vengeance du prélat, qui avait puissamment agi pour expulser son fils Hugues du gouvernement de cette province. Cependant, ramené bientôt à de meilleurs conseils, auxquels l'éloquence insinuante d'Arnaud et

d'Hoël ne fut pas sans doute étrangère, Azzon changea
de sentiment au bout de sept mois et rendit la liberté
au prélat et à ceux qui l'accompagnaient. Il est probable que le père de Hugues pensa ainsi à se ménager de
nouvelles intelligences dans le Maine, et qu'il compta
sur l'évêque Arnaud, pour lui être utile, si l'occasion se
présentait dans la suite de tenter le rétablissement de
sa fortune. En effet, il combla son prisonnier de marques d'honneur, et, en se séparant de lui, il lui remit
des dons magnifiques.

De retour dans son diocèse, Arnaud s'occupa, de
concert avec le chapitre, à recouvrer les dépendances
de l'Eglise qui avaient été envahies ou aliénées injustement. On trouve sa signature sur plusieurs actes datés
de cette époque. Il ajouta aussi aux revenus du chapitre par des offrandes considérables et racheta le fief de
la Mue-Sainte-Marie pour une somme importante.

Mais ce prélat s'appliqua surtout à enrichir son église
de vases sacrés et d'objets précieux. Parmi les principaux, on compte un reliquaire de vermeil pour la partie
du chef de saint Julien possédée par la cathédrale. Il
arriva sous son épiscopat un événement qui frappa
d'admiration toute la population du Maine, et qui lui
fournit à lui-même l'occasion de signaler sa piété et sa
générosité. On découvrit, sous l'autel majeur de l'église
collégiale de Saint-Pierre-de-la-Cour, une dent du prince
des Apôtres, en présence du roi, Guillaume-le-Conquérant. La piété des Manceaux fut vivement excitée par
un fait aussi remarquable, surtout quand des miracles
s'opérèrent en grand nombre auprès de la sainte reli-
que. Le roi normand voulut donner une châsse en vermeil pour la renfermer. L'évêque offrit également des
présents dans cette circonstance, et institua une fête
commémorative de cette invention, qui s'est célébrée

jusqu'à la fin du XVIIIᵉ siècle et qui fut approuvée par le pape Alexandre II. Il donna encore à l'église cathédrale deux chandeliers de cristal ciselé, deux calices d'un or très-pur, une croix de corail, garnie de perles, deux chapes, autant de chasubles à fleurons d'or, et plusieurs autres ornements, tant pour la décoration de l'autel que pour l'usage des ministres sacrés. On signale aussi une chasuble épiscopale, si remarquable par sa richesse et sa beauté qu'elle servait encore plusieurs siècles après la mort d'Arnaud, dans les fêtes solennelles. Ce prélat abandonna pour la cathédrale sa part des revenus du baptistère, des cloches et des offrandes, un marc d'or et quelques rentes attachées à des immeubles. Nous avons remarqué cependant que plusieurs écrivains reprochent à Arnaud de n'avoir pas été assez généreux pour les églises. Par la faveur qu'il avait su acquérir du roi Guillaume-le-Conquérant, cet évêque était devenu le maître d'immenses richesses. Ses offrandes en nature ont donc pu paraître assez peu considérables, aux yeux de quelques-uns, de la part d'un prélat aussi opulent. Mais sa générosité se fit surtout remarquer par les travaux immenses qu'il fit exécuter, non-seulement pour la restauration, mais encore pour la réédification à peu près complète de sa cathédrale. Alors ses largesses en numéraire furent sans doute incalculables. Il faut savoir, au reste, que, cette église ayant été dépouillée en partie pendant les dernières guerres, elle ne possédait plus alors que des chandeliers en bronze et en cuivre. Heureusement la piété, si vive dans toutes les classes, tendait chaque jour à réparer les pertes que la basilique de Saint-Julien avait éprouvées.

L'évêque Arnaud montra en diverses circonstances l'affection qu'il portait aux institutions monastiques. Il fit un règlement touchant la sépulture des évêques du

Mans et des membres du chapitre ; il y reconnut que l'abbaye de Saint-Vincent était le lieu où ils devaient être ensevelis, d'après une pratique fort ancienne et dont l'usage avait fait une loi.

Au moment de son départ pour Rome, en 1071, Arnaud avait accordé à ces mêmes moines de Saint-Vincent diverses confirmations et de nombreux témoignages de sa sollicitude. Deux ans après, le prélat ainsi que plusieurs religieux de cette maison se rencontrent ensemble à la cour du roi Guillaume et du prince Robert, son fils. Nous le trouvons aussi dans ses visites de différents monastères, par exemple, au prieuré d'Avesnières, près Laval, à l'illustre abbaye de Marmoutier, deux fois au prieuré de Saint-Léonard de Bellême, à la dédicace de l'église du prieuré de Saint-Denys, en 1076, et à la dédicace de l'église abbatiale du Bec, en 1077.

Cependant on a conservé le souvenir de plusieurs querelles qu'il eut avec quelques-uns d'entre eux. Ces discussions ne laissèrent pas que d'être parfois même très-violentes. Arnaud, paraît-il, y laissa soupçonner, en présence de l'archevêque de Tours, son métropolitain, et de quelques-uns de ses collègues, peu de franchise et une obstination regrettable.

Nous nous bornons à mentionner rapidement ces faits. Cependant nous devons être moins circonspect au sujet de l'abbaye de La Couture, parce que l'un de ses religieux, issu, comme Arnaud, du diocèse d'Avranches (1), y joua un certain rôle et que nous trouvons ainsi le moyen de parler encore d'une autre illustration que

---

(1) Arnaud paraît avoir aimé à s'entourer de compatriotes et d'amis. Ainsi nous trouvons au Mans, outre Hoël, son parent, Johel, abbé de La Couture, et un clerc, du nom de Hugues, qui était d'Avranches.

l'arrondissement de Mortain peut également revendiquer.

Johel, issu de la noble famille d'Astins, des seigneurs de Vezins, était prieur de ce monastère. Aimé du roi, Guillaume-le-Conquérant, il avait appuyé les projets de ce prince, qui avait voulu violemment déposer Renaud, abbé de La Couture, qu'il supposait dévoué au parti Angevin. L'évêque Arnaud, toujours dévoué à ce prince, avait appuyé les adversaires de Renaud de tout son pouvoir. Lui-même prit le titre d'abbé, pendant que Johel, remplissant les fonctions de prieur, était par le fait le supérieur de la communauté. C'était d'ailleurs un religieux doué d'énergie et d'une rare intelligence. Durant ce temps, qui se prolongea cinq années entières, le roi, qui s'était emparé de Renaud, le retint en prison, exposé à toutes sortes de mauvais traitements.

Cependant, au bout de quelque temps, Guillaume donna l'abbaye au prieur Johel, et Arnaud l'installa dans sa nouvelle dignité. Il est présumable que ce fut vers l'an 1072 que s'accomplit cet événement, parce que Guillaume-le-Conquérant se trouva alors au Mans et que tout porte à penser qu'il voulut qu'il s'exécutât sous ses propres yeux. Il dut peser de tout le poids de son autorité souveraine pour obtenir du chapitre le vote nécessaire en faveur de cet acte, qui était contre les règles constantes de la discipline monacale. En effet, l'abbé Renaud parvint bientôt à sortir de prison, soit que la liberté lui eût été rendue par le roi, soit qu'il eût trompé la surveillance de ses geôliers, ce qui est plus vraisemblable. Sa première démarche fut d'aller trouver l'archevêque de Tours et de lui exposer tous les sévices qu'il avait endurés. Celui-ci l'accueillit favorablement et l'envoya, avec une lettre de recommandation, à l'archevêque de Lyon, primat des quatre Lyonnaises. Les pouvoirs de cette primatie venaient d'être rétablis par saint Grégoire VII, et, malgré les vives contradictions qu'il éprouvait, l'archevêque les exerçait dans toute leur plénitude. Il reçut avec faveur le malheureux abbé, entra dans le détail de ses souffrances, et versa des larmes avec lui. Il ne s'en tint pas à ces marques stériles de commisération ; il écrivit plusieurs lettres en sa faveur à l'archevêque de Tours. Il ne parle de l'abbé Renaud qu'avec la plus grande déférence et se plaint amèrement des faux frères qui l'ont injustement accusé, fait chasser de son siége et cruellement fait persécuter.

Dans une lettre postérieure, adressée encore à Raoul de Tours et à tous les évêques de la province, le primat leur apprend qu'il a porté à Rome la cause de Renaud, qu'ils doivent forcer le compétiteur de cet abbé à lui céder sa place, et que, s'il refuse d'obéir, leur devoir est de l'y contraindre par sentence d'excommunication.

L'archevêque de Tours n'avait pas attendu ces avertissements du primat pour représenter à Arnaud à quel péril il s'exposait, s'il ne faisait pas aussitôt justice à l'abbé Renaud, et combien sa conduite était répréhensible d'avoir bénit Johel, qui avait reçu l'investiture d'une main laïque, du roi Guillaume, et était déclaré excommunié par son métropolitain. Arnaud ne répondit aux lettres de son archevêque que par des plaintes sans fin contre l'abbé et par de vagues récriminations. Poussant plus loin son ressentiment, il répandit de toutes parts des bruits fâcheux pour le malheureux abbé et pour ceux qui le favorisaient. Raoul lui adressa de nouvelles réprimandes à ce sujet, lui déclarant que la cause serait jugée dans un concile, mais qu'il devait, en attendant, garder le silence.

Saint Gébouin, le primat des Lyonnaises, ne montrait pas moins de sympathies pour la cause de l'abbé Renaud. Il le mena avec lui à Rome, pour le recommander plus fortement au Souverain-Pontife. D'autre part, il déclara l'évêque du Mans suspendu de ses pouvoirs, parce qu'il avait ordonné Johel, qui avait reçu l'investiture laïque, et était fauteur de tous les troubles qui agitaient le monastère de La Couture. Saint Grégoire VII remit le jugement de cette affaire au concile qui devait se tenir à cet effet. Mais, en attendant sa réunion, Johel fut reconnu abbé, sans contestation apparente, et, après sept ans de luttes, l'abbaye de La Couture put espérer un moment de paix.

En effet, le légat du Pape, Hugues de Die, convoqua bientôt l'évêque Arnaud, Johel, abbé de La Couture, et les autres abbés, ainsi que tous les prélats de la Normandie, ou des Etats soumis au duc de Normandie, pour un concile, qu'il se disposait à tenir, soit à Meaux, soit dans quelqu'autre ville du royaume de France. Les prélats de la province de Tours et des autres diocèses craignirent, en se rendant aux ordres du légat, de tomber entre les mains du roi Philippe Ier, qui était alors en guerre avec Guillaume-le-Conquérant. L'évêque de Die, homme d'un caractère ardent, attribua leur conduite à la désobéissance, et il les suspendit tous par une sentence générale.

Pendant ces entrefaites, Renaud s'était ressaisi de l'autorité abbatiale et du régime de la maison. Il est vraisemblable que l'abbé Johel s'était rendu à la cour du conquérant pour lui porter personnellement ses plaintes contre le légat du Souverain-Pontife, et que les partisans de Renaud profitèrent de cette absence pour rétablir son autorité. En effet, Guillaume écrivit promptement, en faveur de l'évêque Arnaud et de l'abbé Johel, au Pape, et lui exposa les motifs qui les avaient empêchés de se rendre au concile. A cette justification des

deux prélats le souverain ajouta des accusations contre
Renaud, qui lui devenait de plus en plus odieux par
ses liaisons avec Foulques-le-Réchin. On accusait aussi
ce religieux d'intrusion et de parjure. Ses anciens dé-
fenseurs l'abandonnèrent dans cette circonstance ; et il
est certain que son attachement au parti angevin fut de
nature à lui nuire beaucoup dans l'esprit de son métropolitain. Effectivement, Raoul fut obligé d'excommunier
dans le même temps le comte Foulques-le-Réchin, et sa
sentence fut approuvée par le Chef de l'Eglise.

Quoiqu'il en soit, saint Grégoire écrit à Arnaud, lui
déclarant qu'il le relève, lui et l'abbé Johel, de l'interdit
porté contre eux par son légat. Il ordonne de plus à
l'évêque du Mans de déposer Renaud, et déclare celui-
ci incapable de posséder à l'avenir aucune prélature. Le
Pontife adressa en même temps à Hugues de Die une
lettre pour l'instruire de ce qu'il venait de faire, et pour
lui ordonner d'avoir désormais plus d'égards pour le
roi d'Angleterre ; car, si ce prince n'était pas en tout
irréprochable, du moins il ne détruisait pas les églises,
il ne les vendait pas ; au contraire, il rétablissait partout
la paix et la justice. Mais une difficulté particulière,
relative à la position de l'abbé Johel, tenait encore l'esprit de Hugues en suspens ; il ne pouvait donc se résou-
dre à lui rendre l'exercice de ses fonctions. Quoique la
lettre dans laquelle le légat exposait ses doutes ne soit
pas parvenue jusqu'à nous, il est évident que cette difficulté reposait sur la manière dont il avait été investi de
son abbaye. Saint Grégoire avait reçu de nombreuses
explications sur ces faits, il en était parfaitement instruit ; aussi ordonna-t-il à son légat d'envoyer à l'abbé
de La Couture, comme aux autres prélats qu'il avait suspendus de leurs fonctions, des lettres pour lui annoncer
qu'il le relevait de la sentence portée contre lui.

Vers le même temps, le légat, Amat d'Oléron, convoqua Raoul de Tours et ses suffragants à un autre concile, qu'il célébrait à Bordeaux. Ce que l'on sait de cette assemblée, c'est que ce fut là que l'hérésiarque Bérenger abjura ses erreurs.

Mais nous venons de trouver sous notre plume le nom de Bérenger, le promoteur d'une grave hérésie, qui émut le monde catholique tout entier. Il avait osé professer à Tours que Jésus-Christ n'était pas réellement présent dans le mystère de l'Éucharistie. De nombreux contradicteurs s'élevèrent aussitôt pour défendre la vérité. Arnaud, l'ancien modérateur du Mans, qui n'avait pas cessé de veiller sur son école, qui l'avait encouragée sans cesse et qui l'avait établie dans son propre palais, crut devoir remonter dans son ancienne chaire professorale. Il y retrouva toute son éloquence d'autrefois. Enfin, en 1080, au concile de Bordeaux, Bérenger se rétracta sincèrement.

Cette hérésie avait rendu nécessaire une solennelle protestation de l'Eglise, en faveur de l'ancienne croyance ; elle se fit, selon l'usage constant, par une heureuse addition à la liturgie. Le rite de l'élévation de l'Hostie et du calice, pour être adorés par le peuple, immédiatement après la consécration, fut promptement inauguré dans toutes les églises. Mais celles du Mans et d'Angers résolurent de donner une expression plus solennelle à leur foi dans l'auguste mystère de l'Eucharistie, et elles établirent une fête spéciale en son honneur. La partie de cette solennité qui frappa dès-lors le plus vivement la multitude fut cette procession dans laquelle on porte, au milieu des chants de triomphe, le corps de notre Sauveur. Ces églises donnèrent à cette fête un éclat que l'on n'avait pas encore vu, en portant ainsi la sainte Hostie par les rues de la cité, jonchées de fleurs et décorées de tentures splendides. Depuis le XIe siècle, où cette procession prit cette origine, jusqu'au XIIIe, où Urbain IV établit, pour l'Eglise universelle, la solennité de la fête du *Corpus Domini*, la Fête-Dieu, en un mot, la procession dont nous parlons était une cérémonie locale, affectée uniquement aux deux diocèses du Mans et d'Angers. La date précise de cette institution n'est pas bien connue ; ce qu'il y a de certain, c'est qu'elle se rapporte à l'épiscopat d'Arnaud, auquel en revient l'éternel honneur, et qu'elle précéda l'époque de la rétractation de Bérenger, en l'année 1080.

L'année suivante fut la dernière de l'évêque Arnaud.

Ce prélat gouvernait l'Eglise du Mans depuis quinze ans environ et il avait atteint sa soixante-dixième année. Il mourut le 28 ou le 29 octobre 1081 et fut enterré devant les degrés de l'autel majeur de l'église abbatiale de Saint-Vincent. Les trois dernières années de sa vie ne furent qu'une suite d'infirmités corporelles : il les supporta avec une admirable résignation. Jointes aux difficultés qui survinrent, tant dans l'ordre ecclésiastique que dans l'ordre politique, elles furent cause que ce prélat ne put conduire à leur fin plusieurs grands projets, qu'il avait formés pour l'avantage de son Eglise.

A peine fut-il mort que son palais fut livré au pillage. C'était ainsi la coutume au Mans et, dans ces circonstances, le peuple montrait une grande ardeur à s'emparer des dépouilles de son évêque. Plus tard, Geoffroy Plantagenet eut beaucoup de peine à réprimer cet abus : il éprouva même de la résistance de la part de ses propres officiers, qui étaient les premiers à prendre part au pillage et prétendaient y avoir un droit exclusif. Ses règlements furent plus tard renouvelés, en 1151, par son fils, Henri II, et par ses autres successeurs.

Enfin, comme si les agitations devaient troubler, même

après la mort, la dépouille d'Arnaud, qui, pendant son existence, avait été constamment tourmentée, en l'an 1411, on enleva son corps de l'église, pour le transporter dans le chapitre de la même abbaye de Saint-Vincent. Les Calvinistes, au XVIe siècle, et les révolutionnaires de 1793 n'ont probablement pas respecté ces cendres et les ont, sans doute, dispersées aux vents.

JOHEL

Nous connaissons déjà Johel, par les débats qui agitè-
rent son élévation au rang d'abbé de La Couture. Nous
savons qu'issu de la noble famille d'Astins ou Asting (1),
des seigneurs de Vezins, il était venu très-jeune dans ce
monastère. Il y avait fait de fortes études, et il y avait
embrassé la vie religieuse. La pratique constante de la
vertu et l'étude des lettres firent ses délices, et il y pro-
gressa rapidement.

Au milieu du calme généreux du cloître, dont il ap-
préciait si bien le prix et dont il dut plus tard éprouver
les bienfaits, dans la vie pleine d'agitation que l'avenir
lui préparait, Johel écrivit une relation des miracles
opérés à Angers par l'intercession de saint Nicolas. Il
raconte que Geoffroy Martel, comte d'Anjou, fils du
premier fondateur de l'abbaye de Saint-Nicolas, y dé-
posa une partie des reliques du saint patron, qu'il avait
reçues de l'empereur Henri-le-Noir. Ces reliques renouvelèrent, à Angers, la dévotion envers saint Nicolas, et
c'est ce qui donna lieu aux miracles que Johel prit
soin de recueillir. Pour rendre son travail plus complet,
l'auteur rappelle toute la vie du saint évêque de Myre.
Cet ouvrage n'a pas été imprimé. Il était conservé dans

---

(1) Elle était d'origine danoise. Robert Wace, dans le *Roman de
Rou*, dit :

> Hastinz i vint primierement,
> Ki fist maint povre et maint dolent ;
> Compainz è mestre fu Bier,
> Ke l'en clamout Coste-de-Fier.

la bibliothèque de Saint-Germain-des-Prés, sous le N°
470, et portait ce titre : « *Miracula Sancti Nicolai, scripta
à Johele, monacho Sancti Petri de Culturâ apud Cenoma
nos, et abbati Sancti Nicolai Andegavensis oblata, quia ea
miracula Andegavi contigerunt.* »

Elu prieur de La Couture, il en remplissait les fonctions depuis plusieurs années, lorsque Guillaume-le-
Conquérant voulut déposer l'abbé Renaud, vers l'année
1072. Par le fait, il devint ainsi le chef de la maison,
dont l'évêque du Mans prit nominalement le titre de
supérieur. Pendant cette vacance, les moines de La Couture soutinrent différents procès contre ceux de Marmoutier ; l'un relatif aux prieurés de Saint-Martin de
Laval et de Notre-Dame de Pritz, et l'autre pour les
prieurés de Solesmes et de Saint-Nicolas de Sablé. Vers
ce temps encore, les religieux obtinrent du conquérant
la confirmation des dons faits à leur abbaye, et en particulier des fondations faites en faveur du prieuré de
Solesmes.

Promu bientôt aux fonctions d'abbé, sous la toute-
puissante impulsion du roi Guillaume, Johel fut installé
par l'évêque dans sa nouvelle dignité. Ce fut l'occasion
de nombreuses discussions, portées devant les diverses
juridictions ecclésiastiques, déférées au Pape lui-même
et résolues enfin dans un concile provincial. Après être
parvenu à dominer toutes ces difficultés, qui avaient
entravé d'abord son administration, il fit jouir son abbaye d'une ère de prospérité. Il est le cinquième dans la
liste des abbés de cette maison, qui eut presque toujours
à sa tête des hommes remarquables.

Johel se fit distinguer surtout par un grand esprit de
conciliation. Souvent on le vit intervenir entre les divers
membres des familles désunies, pour prêcher la con-
corde entre elles. Pour prix de leur réconciliation, il

leur imposa parfois quelques offrandes à son abbaye, qui s'enrichit de cette manière des aumônes de plusieurs prieurés.

Il sut même user de son influence auprès de sa propre famille, qui se montra généreuse envers La Couture.

Dès les premières années de son gouvernement, il engagea ses frères, Gautier et Raoul d'Astins, à faire une fondation, à cause de lui et en faveur de sa maison. Ils lui donnèrent l'église de Vezins et toutes ses dépendances. Guillaume des Biards, comme seigneur suzerain, confirma ce don et ajouta de son chef quelques libéralités. Ce fut l'origine du prieuré-cure de Saint-Martin-des-Biards, dans le comté de Mortain. Toutes les chartes constatant ces faits sont inscrites au beau cartulaire de La Couture, écrit au XIIIe siècle et que possède la bibliothèque du Mans, où nous avons pu les annoter.

De bonne heure, ce prieuré normand, devenu dépendant d'une abbaye du Maine, acquit un assez grand renom ; ses revenus étaient cependant assez modestes. Lorsque l'archevêque de Rouen, Odon Rigault, en fit la visite, en 1250, il n'y rencontra que deux vieillards, de l'ordre de Saint-Benoît ; leur revenu ne dépassait pas la somme annuelle de soixante livres.

L'abbé de La Couture fut également constitué juge de quelques différents entre diverses abbayes. On trouve encore son nom mentionné dans plusieurs actes émanant de l'autorité épiscopale. Enfin Johel fit une association solennelle de prières avec les religieux de Marmoutier.

Lorsqu'il mourut, le 26 juin de l'année 1096, il avait la réputation d'un grand abbé. Il n'avait précédé que de quelques jours Hoël, évêque du Mans, à la haute direction duquel il avait été initié intimement.

Cette circonstance fut d'autant plus remarquée que le prélat portait une très-vive affection aux clercs et aux moines de son diocèse. Aussi, voulurent-ils laisser de lui l'expression de leurs regrets, dans un éloge écrit en vers par Baudri, abbé de Bourgueil, puis évêque de Dol, le panégyriste ordinaire et emphatique de tous les hommes célèbres de son temps. Le poëte y associe aux louanges de l'évêque celles de l'abbé Johel : il était juste que les deux amis fussent confondus, après leur mort, dans une seule et unique pensée.

Voici cette poésie :

Singultus duplices rotularis pagina profert :
    Primum namque Johel, denique flevit Hoel.
Abbas alter erat, alter fuit ordine præsul :
    Hi Cenomannis sol scilicet exstiterant :
Hos quoque morte pari modico Deus attigit ambos,
    Ut sint translati sidera magna poli.
Amborum pariter nobis exempla refulgent ;
    Ambo nunc nostras irradient tenebras.

Le Louroux, le 27 janvier 1868.

(Extrait des *Mémoires de la Société d'Archéologie, etc. d'Avranches,* tome 4, page 521).